Idolatrous

迎神賽會

Wu Jui Pao

吳睿保

In Taiwan

作者簡介

吳睿保

（筆名：吳明博、穀禾田、穀莊稼、穀恬憪）

我們人的生命是很奇妙的，有些事情不是您想的就可以，往往有些時候，我們會感到彷徨無助，有些時候呢！又會有些許的得意，就在彷徨與得意的同時，我們可能會看到什麼，那是生命的過程，一個階段，一個階段，每個階段都會有不同的體悟，這就是人生。

作者童年的時候，心中老是有些想法，而這些想法會一剎那，一剎那的閃過，很難捉取，那時候我就想，如果可以把它寫下來多好，直到少年、青年，步入中年，到快要老年的時候，那些想寫的影像，像排山倒海一樣地浮現，而我只是提筆記錄而已，就這樣，一系列，一系列《法拍屋風暴》、《屏東的小湯姆》、《共生農業》、《歡喜法音流》等，竟然就創作出來了，希望您們喜歡。

另外，穀莊稼的共生農業森林農園，有十幾年的耕作經驗，可以輔導您種出好菜，只要您家有空地，或頂樓有全日照的地方，想自己種菜來吃，穀莊稼先生可以幫您規畫，種出好菜來讓您食用。

若對共生農業森林耕種有興趣者，請上電子書店，閱讀《共生農業森林種植》免費圖文書。

有意者，請寄電子郵件：869548@gmail.com　與穀莊稼先生洽談

穀禾田半農作家工作室的書系，有：

《屏東的小湯姆》親子讀本七套，三十冊

《共生農業開講》、《歡喜法音流》陸續書寫中
《法拍屋風暴》醒世小說六本，曾出版過紙本書。

序

　　2013 年 6 月至 8 月期間於本校辦理之「農企經營及精緻農業班」講授有機農業相關課程時認識穀禾田先生，瞭解穀先生極為重視現今農業大量施用農藥等化學藥劑對環境、生態及健康安全造成負面效果的影響，因而他自己開墾管理一個自然生態農場，產品優質安全，可謂利己利人。

　　穀先生也擅長於寫作，其大作「屏東的小湯姆」，內容豐富、筆法率直生動，讓人回憶兒時農家生活的點點滴滴，值得閱讀。經穀先生之邀請，時值該書付梓特為之序。

王鐘和

於中華民國 102 年 8 月 30 日
國立屏東科技大學
農園生產系教授兼系主任
台灣有機農業促進協會副理事長

迎神賽會

屏東的小湯姆三

目次

迎神賽會

大拜拜

今天村子裡要預演大拜拜的重頭戲，媽媽說這是番仔寮每幾年一次的大迎王。

全村會熱鬧得沸沸騰騰，有弄獅犁、大鼓陣、舞龍舞獅、踩高蹺、牛犁陣、宋江陣，各種大小的陣頭踩街踏戶舞弄。

阿安去學弄大鼓，哥哥去學踩高蹺。

迎神賽會

　　每天農忙完之後，吃完晚飯，鐵龍他們家的大埕廣場，聚集一、二十位年輕力壯的青年在那兒學擺龍陣，練舞龍。

　　孔德成的藥鋪練弄獅陣的城邦、義永、明華、皆得、志成、老鼠明、目仔、水仙、金泉、龍華、鑽輝、村祥，十二個人舞三組的獅陣，每組二人、四人輪換。

　　趙加比隔壁旺伯的家裡，弄牛犁陣。

　　女扮男裝一組，男扮女裝一組，年紀有大有小，每位打扮成小丑模樣，臉上塗著紅白胭脂。

　　前面趕牛那位，頭上戴一頂鴨舌帽，褲頭露一半，一邊捲起，一邊正常，走路看似一跛一跛的，手上拿一條鞭，似乎在趕牛犁田，一頭用竹子做成水牛骨架，糊上紙張，著上黑色即黑牛，著上黃色即黃牛。

　　再前面有一位老阿婆穿著五花八門，頭上頭髮捆做一大團，恰似瘋婆子，走起路來，是大臀扭，西臀擺，那屁股可搖得厲害，雙腳花步踩得歪七扭八，一副東倒西歪，手拿著扇子，搖啊搖過街頭巷尾弄牛犁陣頭去招搖。

　　好不熱鬧的一個陣頭呢！

　　照明叔家裡有數十位姑娘正在學著採茶歌陣，雪美、淑花、秋蓮、素卿、素貞、秀花、美蓮、秋菊、三八阿珍、美惠、錦足、淑芬、淑芳、金鸞、金葉、美娟、月娥、月嬌、淑美、淑玲、阿珠、寶月。

採茶陣的姑娘們，每人穿著輕柔紅色花紋圖案的衣服，有長褲、短褲，也有裙子裝扮，每天穿變化不同的顏色。頭上戴斗笠，走起路來，賢淑優雅，腰間細繩綁一籃小籃子，整個隊伍看起來整齊畫一。

每位姑娘個個玲瓏有致，朝氣蓬勃，青春洋溢，看得街上未婚少男青年個個心花朵朵開，想像著若有這般玲瓏標緻的姑娘來做伴的話，那倒比賽神仙還要快活。

採茶的姑娘走起路來，對著街上的人們點頭微笑，手扶斗笠，腳跨叉步，或做古代蹲腰，兩手放在腰際稱萬福，恭禮狀。

每走到家戶面前，帶頭的會在店家或住戶的門前，講些稱頭的祝福話。家戶們已備妥紅包，放大串鞭炮相迎。

若遇到住戶、店家看過癮或歡喜的隊伍來家裡舞陣，送大紅包及鞭炮會放得震天價響。帶頭的看籃子裡，紅包滿滿，帶著如花似玉般的少女姑娘們，又去踏街踏戶、踩路踩店的去遊街了。

大鼓陣由青年男女三至六人組成。

一人胸前懸掛一大鼓，跳起花步，兩腳似倒轉蓮花瓣在空中旋轉，兩手不斷擊鼓，上身鼓起伏地，身不著地，動作迅速，胸前懸的大鼓卻不碰到地，同時間前身懸鼓，又迅速仰身背貼近地面，兩腳屈膝倒背呈一百八

迎神賽會

十度，如過竹竿壓低過肩過膝。

這雙腳的力量似獅似虎掌，變化莫測，一會跳起拽步，如勁蛇游水，一會跨步如羅漢醉步，神步疾疾如風般快速遊移。

阿安胸前的大鼓繫一條大紅巾，前面有一位雙手握撐著大傘蓋，身邊幾位敲鑼打鼓，全團成員穿著白色上衣大領子，搭配緊身短褲布鞋，領子上繫一條紅色絲巾，頭上戴一頂白色鴨舌帽，撐傘的引著大鼓的步驟，那大傘轉著轉著，蹲上蹲下，雙腳蛇步踏地，阿安的大鼓跟著跳，兩手拿著打鼓棍。

鼕鼕！鼕鼕！

「叩！」

大鼓隨即東搖西擺，整個人跳將起來，屁股的扭力帶動雙腳跟著左右跳躍，左半身左跳左蹲，右半身右跳右蹲，蹲蹲、跳跳，雙腳掌的變化，彷如飛刀片般在虛空中旋轉，腳力之大非一般體力者無法負擔。

大鼓陣的陣式變化，看似雙腳雙腿上蹲下跳，同時全身跟著大擺動，腰力的扭擺更得配合鑼鼓的節奏，尤其那抱大鼓的壯士渾身彷如與大鼓合而為一，跳將起來輕燕飛步，蓮花朵朵，跳前踏後，變化迅速，渾身勁力，讓人連看了三、五陣，仍意猶未盡，久久無法忘懷，懷念此民俗表演之精湛與深義。

同樣花俏頭陣，還有一陣頭——花鼓陣，成員可眾可寡，男扮女裝，或女扮男裝。

前頭一位女扮男老頭兒模樣，牙齒一顆或兩顆塗黑，似缺牙，頭戴清朝時代黑色繡花圓帽，一般均鑲有一顆紅色寶石的黑帽，身穿超寬鬆大長衫，或花格子彩色或純黑色。

穿黑長衫上衣，搭配下身著一條褲子，讓人看起來又像富貴員外的身份或新郎模樣，身上披掛一條紅色彩帶，可怎麼看這裝扮，卻又像破落戶狀，真是滑稽。

手上拿著扇子，逢人便笑，點頭如搗蒜，臉一般面向人多的地方，迎著街上的行人或住家、商號，還不時須看顧著陣頭裡，有一位彷若貴婦新娘打扮的女子，頭上戴著紅白相間冠花，身穿乳白色全套如西式新娘衣，非禮服，長褲透明，隱約可看到肉身，臉上塗得又白又紅，那嘴唇更是誇張，口紅塗得紅橙橙的。

那似員外的男子繫一條紅繩，拉著花俏女子遊街，逢人便招手大微笑，兩人同時間也會扭臀搖擺使萬福。

似員外男子雙手握拳在胸前，對人們恭迎施禮。

巧婦女子則欠身，一腳交叉在前，一腳在後，對人施禮後轉身。

巧婦女子唱著：「老得阿累兄喂！」

兩眼眨眨，誇張地瞪一瞪，對觀眾或陣頭裡使眼色。

迎神賽會

另裝扮似男丁佣人或女婢奴，用眼神示意，那男僕女佣拿著小籃子，去向店家商號、住家主人討紅包。

似員外男子同時間表現一副無可奈何模樣，似乎因為某種原因致使現在這麼潦倒，不得已才出來靠表演為生。

似員外男子手拿著竹板，敲敲打打，竹板音響，又似古時說書人模樣，只可惜腦中無物，嘴口吐不出文章，要說似說不出來，只能懊惱搖頭嘆氣地向眾人乞求。

那巧女子貴婦裝扮的婦人看到那員外無才無德，拿不出什麼本事來表演，氣得踩腳跺地，手指頭伸到似員外破落戶的男子身上，使勁地一擰，又捏得肉絞皮銼，頭眼喪氣地對群眾賠不是，只好靠巧婦自己使出渾身解數，靠著日暮低垂的一身肥肉，及年老色衰的身材、身段，賣力地搏得客倌的喝彩。

這一團的舞者，個個不同凡響，沿街遊走，還能將整團陣頭的表演內涵，表現出讓人看出富貴破敗潦倒破落戶的狀態時樣，還得靠賣藝生存的無奈。

整團裡，那似巧婦貴婦裝扮的主角，是靈魂人物，也算民俗小花鼓的一種流傳。

戲目仔

　　小湯姆看得津津有味，和肯尼、魯比、湯尼一起跑到其他地方，看更多的陣頭。

　　這村子裡，生逢大事，幾年才一次的廟會陣頭，氣勢非凡，家家戶戶大張旗鼓，遠親近鄰、親朋好友、各戶人家，無論親疏均大開宴席，宰羊殺豬，殺雞鴨魚鵝，連續熱鬧數十日。

迎神賽會

　　大廟埕的廣場更是天天賞兵大拜拜，煮雞鴨魚肉供品素果，拜謝神明，酬天謝地，祈求家家戶戶富貴平安，五穀豐收，六畜興旺，大廟廣場各大陣頭入廟朝拜之外，四周圍各大小布袋戲、歌仔戲、皮影戲團，天天演戲，樂得台下及周邊，一排排臨時搭建的草屋，裡面眾多大大小小乞丐們樂翻天。

　　中午各村民大拜拜完，傍晚時分，各地方商販排滿各種商品，琳瑯滿目，什貨雜物，麥芽糖、棗串糖、捏麵人、棉花糖。

　　「湯姆！湯姆！你要買大麥芽糖吃嗎？」

　　「好呀！」

　　魯比：「要一份餅夾麥芽糖，中間放香菜，再灑一點花生粉。」

　　「湯尼！你呢？」

　　「我要買捏麵人，做關公、劉備、張飛的模樣。」

　　「一次買三支嗎？」

　　「嗯！」

　　肯尼牙齒在痛，不能吃甜的。

　　「哇！這裡好吵哦！講話都聽不到。」

　　演布袋戲的聲音好大。

　　「那我們去紅灯區吃冰品。」

　　「好呀！」

「老板！我們要四碗紅豆加牛奶冰。」

「呸！那裡坐著目仔。」

一面吃冰，一面調戲目仔。

湯姆大聲叫：「目仔！目仔炒薑絲！」

肯尼跟著叫：「目仔！目仔炒魷魚！」

湯尼、魯比也跟著一起叫。

目仔和幾位朋友剛弄獅回來，有點疲累，不想和這些小孩一般見識。

但湯姆他們可不這麼想，仍然大聲地叫：「目仔！目仔炒薑絲！」

弄得目仔有點火，跑過來做勢要打湯姆他們。

「目仔！目仔炒魷魚！」

越叫越大聲。

目仔實在受不了，跑過來追，湯尼和肯尼跳牆跑走了。

湯姆和魯比看情況不好，挪開座椅擋著目仔，趁勢往外跑。

在牆外看目仔還在裡面，這些小頑童仍繼續叫著：「目仔！目仔炒薑絲！」

「目仔！目仔炒魷魚！」

目仔真的火了，跑出來追趕，四人分頭鳥獸散，隨即集合在一起，又叫：「目仔！目仔炒薑絲！」

弄得目仔火冒三丈，恨不得把這幾個小孩揍死，騎

迎神賽會

著腳踏車追趕著湯姆他們。

看目仔很火的樣子，湯姆他們覺得更好玩，一面跑，一面叫：「目仔！目仔煮大魚！」

後面目仔像一頭發狂的瘋狗一般，面頰冒青筋，那頭上稀稀疏疏幾根頭髮，快要像怒髮衝冠了，但頭髮太少，立不起來，所以看起來不威嚴。

目仔臉頰圓潤圓潤的，嘴上幾根鬍鬚，滿口大黃牙。生氣時，張口叫囂：「猴死囝仔！被我捉到，打死你！」

越生氣，肯尼、魯比、湯姆、湯尼越高興，一面跑，一面叫：「目仔！目仔炒薑絲！」

快要追到時，他們跳到水溝旁邊，鑽進暗巷裡，躊躇不前。

湯姆他們從另一邊鑽出來，叫著：「目仔！目仔炒薑絲！」

氣得目仔七竅生煙，把腳踏車抬過來，騎上車去追奔湯姆他們。腳踏車速度踩踏得很快速，差點撞到湯尼和魯比，兩個人驚嚇得如喪家犬，臉色發白，雙腳發軟地不知所措。

湯姆和肯尼適時的拉起湯尼和魯比，到同學的家裡躲藏。

目仔不敢擅自進入人家家裡找人，在外面徘徊。

四名頑童又跑出來，在夜晚昏暗的道路上，狂叫：「目仔！目仔炒薑絲！」

目仔這下子真的火到極點了，這次要遇到，一定不客氣，非得揍得這些小孩閉嘴，才能出這口鳥氣。

聲音漸遠，身影越是看不到這些小孩子的踪跡，但那「目仔！目仔炒薑絲！」仍可清楚聽到。

湯姆和肯尼站在大馬路上。

燈光微弱地照著，街上行人陸續從廟會或陣頭的地方走回家。

只這幾個小頑童仍興致勃勃，精力充沛地玩弄目仔。

遠處，目仔本想打道回府，不想理這夥頑童。

但湯姆他們在大街上，又叫又跳的，得意得跑的讓目仔追不上，那調戲的意味更是強烈，又繼續叫著：「目仔！目仔炒薑絲！」

目仔似著魔一般，從遠處騎著腳踏車衝撞過來，非得把這些小孩好好的教訓一番不可。

「沒大沒小地鬼叫，真是氣死我了。」

「目仔！目仔炒薑絲！」

快要追到了。

「大馬路看你們往哪裡跑？」

腳踏車飛快地追奔這幾個傢伙，跳下腳踏車，用跑的去追肯尼，魯比緊張地叫肯尼跳到水溝邊，走那細細的堤防。

　　湯姆和湯尼在後面扮鬼臉，激怒目仔回頭來找他們。

　　目仔氣得在水溝堤防上，走得很不適應。大人走小水溝堤防，當然沒有小孩靈活。

　　氣炸了，調轉身，差點摔進水溝裡。

　　四位小頑童又在背後叫：「目仔！目仔炒薑絲！」

　　目仔吼叫一聲！咆哮著說：「你的咧！讓我捉到，一定讓你們好看！」

　　踏出小水溝，又來追，四人跳上矮牆，隨即翻身躍上屋瓦片上。

　　目仔無法踩踏屋瓦，只好在屋子下面叫苦，仰頭看上面屋頂上的小孩蹦蹦跳跳，又叫又挖苦地嘲弄目仔。目仔眼冒金星，怒光四射，這麼大的個子竟然讓四位小鬼頭耍得團團轉，去拿長竹竿來橫掃屋頂。

　　房屋屋頂斜面一間連著一間，湯姆看情況不對，找地方溜下來，躲在人家的豬舍，看目仔瘋狂地拿長竹竿找他們的踪跡。

　　夜色已晚，湯姆和肯尼、魯比、湯尼也漸漸覺得再鬧下去，可能會出問題。這頭野獸被撩撥得快要發狂暴怒了，趕快躲到暗巷裡，跑回湯姆他們家，四人進入湯姆家後，不敢再走出去，只好待在湯姆家裡，在客廳上鋪一張草蓆睡一晚。

龍獅陣

「老板啊！一碗飯來分食，感謝您！子孫大富貴，年年平安大賺錢。」

「湯姆啊！看灶腳還有沒有剩飯？拿幾碗給乞丐，順便夾兩道肉菜給他們。」

「好！我去看看！」

乞丐一大清早就來乞食，有時一位，有時帶整個家庭，大人小孩五、六個的也有，湯姆想不透這世間怎麼有人是用這種方式在生活的。

乞丐的小孩拉著殘廢或啞吧的父母，沿街挨家挨戶去乞食，也有眼盲帶著家當，掛在身上。他們全身最值錢的東西就是背後揹的草蓆，及一條又黑又髒又破的棉被。

大人小孩各個手上拿一個碗。

小孩子有的比湯姆還小，三至五歲，甚至還有背在哥哥姊姊身上的嬰兒，也一起出來乞食。

「給你！」湯姆拿飯給乞丐吃。

有一位小女孩大概有十一、十二歲，看到湯姆從灶腳拿飯出來，躲在屋簷下的走廊柱子，不好意思地伸手拿剩飯。

湯姆看外面她的家人還有好幾位，回頭再去灶腳拿一串地瓜及甜粿給那位小女孩。

弟弟不懂事，從她後面跑來用搶的。地瓜用竹片串成，拿在她的手上，她弟弟倒不拿，卻搶走湯姆握在手中的甜粿跑掉了。

小女孩不好意思就蹲下身來。

「謝謝！」

頭垂得低低的，走回眼盲的父親身邊。

她媽媽有點智障，只是咧嘴傻笑，抓抓她頭上亂七八糟的頭髮。

迎神賽會

　　乞丐父親很有禮貌的點頭，說：「謝謝您們！大量大福，福貴年年，子孫攏有福氣。」

　　全家大小又去別家乞食了。

　　村子裡大拜拜，廟會期間，平均一天早晚都會有一至兩次乞丐來家裡討飯。

　　湯姆有時候看到乞丐來乞食，沒拿給他們東西，事後都會後悔。

　　但要看到大廟那一大堆的乞丐聚集在那兒，湯姆就不知道怎麼做決定了。

　　這些乞丐到底是從哪裡來呢？

　　印象中，過年過節，村子裡就會有乞丐出現，平常偶爾有一、兩位在村子或墳墓上遊蕩。

　　有一次，湯姆趕牛去墓仔埔吃草，下著大雨，墓仔埔中的墳墓磚瓦水泥矮牆下，竟然住著乞丐在那裡睡覺。

　　大片的墓地狂風暴雨，下個不停，湯姆淋雨淋得全身溼答答，乞丐身上只蓋著薄薄的一塊塑膠布，從頭到腰綁得緊緊的。

　　看牛在大雨中吃草，一口一口地咀嚼，湯姆要看到牛的肚子上方兩個凹洞，餵肥了，才會趕牛回家。

　　牛肚子上那兩邊凹洞要鼓脹脹的，表示牛已經吃飽了。

　　湯姆問媽媽：「這些乞丐是從哪裡來的呢？」

　　媽媽不知道怎麼回答？

　　湯姆的好奇心得不到答案。

　　一大早在湯姆家客廳睡醒，和魯比、湯尼、肯尼商量。

　　「昨天晚上搗亂了目仔，今天不要去他表演的陣頭看。」

　　肯尼、魯比、湯尼說要回家吃完飯，下午再和湯姆一起去看布袋戲。

　　「湯姆！湯姆！舞龍陣頭要來我們家的大埕『弄龍』，你要不要去放鞭炮？」

　　「好！可是我沒放過，會怕呢！」

　　哥哥拿幾個小鞭炮給湯姆，他蹲下來用香頭點著大串的鞭炮，舞龍的人在鞭炮串聲中，賣力地舞龍，龍珠舞到哪裡，龍頭跟著到哪裡。

　　每一條龍都用紅布做成，龍骨用竹子做成圓形的雞籠骨架，中間綁一根竹竿，每位舞龍的青壯年，手上個個握著竹竿，隨著龍珠、龍頭，到處鑽動。

　　這麼長的龍身，鑽來鑽去的，奇怪！怎麼都不會打結？

　　「我同學的爸爸彼得他們家，每到有舞龍的陣頭時，他爸爸就會做龍，龍頭用竹子編成，像我們放風箏

迎神賽會

一樣，拿竹子竹片做骨架，骨架上用紙糊得像一條活生生的龍一樣。」

　　龍頭做得大，龍身就長，最多一百零八人來舞一條龍，那是很長很長的一條龍，要用很多很多紅布做成，這種大龍在村了或大廟廣場舞起來，聲勢浩大。

　　站在大廟的高處看，或爬上樹看下來，那龍陣龍騰虎躍的氣勢，看得讓人直呼過癮。

　　舞龍的陣頭和舞獅的陣頭，要相遇的話，兩隊舞者會有人起乩。

　　有時候各陣頭在踩街表演時，也會有發起來的起乩現象。

　　龍陣、獅陣、牛犁陣、大鼓陣、宋江陣比較會發起來起乩。

　　尤其龍獅陣相遇起乩的機會最大，一條龍同時間有一、兩位起乩，或更多位起乩的話，替代人員要馬上接替，否則的話，那龍頭、龍身、龍尾起乩，替代人員沒有即時接換那條龍，舞起來包打結的。

　　因為舞龍的人每位都跑得很快，一個接一個，又跑又跳，龍頭不時在龍身裡鑽來鑽去的。一會盤旋，一會繞成一圈，捲曲著，變化多端，跑龍步的青壯人士個個汗流浹背，氣喘噓噓地，每舞一段時間就找人替換。

　　湯姆的爸爸拿紅包，塞進龍嘴裡。

龍頭舉起來，撐起高高的，對著客廳，點頭答謝。

隨即舞動，龍掉頭向外，到別家有人願意迎請龍陣，進去熱鬧一下的家裡或商家店號。

滿街的陣頭、大鼓陣、龍獅陣各種陣頭，分成好幾組。

有時候會看到一、兩條龍互相交會，或相同的陣頭在同一條街道相遇，如果相遇的太頻繁，村中有些熱心的人士會出來指揮。

大廟會動員起來，村子裡，大人小孩各個樂翻天，每天鞭炮聲，噼噼啪啪響個不停，各家客人延宴，一桌又一桌地大請客。

湯姆的舅舅早死，他兩個兒子從隔壁鄉走來，吃熱鬧。

湯姆看到很多平常沒有見過的親戚，有舅公、阿姨、姨婆、姑媽、姑婆，爸媽能邀請的親戚全都來了。

湯姆在家裡光叫這些親姑表舅兄弟姊妹，就叫得眼花撩亂。

內曾祖父有五位兄弟，從清朝時代就從台北萬大路南機場一帶，一起走到屏東番仔寮發展。

這裡以前是平埔族的藩地，才叫番仔寮，聽媽媽說，台北的遠親有下來認祖，說是按照族譜南下調查找同宗的。

迎神賽會

原來爸爸這邊親戚這麼多，是因為曾祖父阿祖有五位兄弟在這個村子落地生根。

難怪湯姆從小在這個村子裡，無論走到大街小巷，只要一出門，就會遇到堂兄弟姊妹。

湯姆年紀最小，又是媽媽最晚生的，如果媽媽前面生的大哥大姊沒死掉的話，湯姆會是排行第十個。

二伯母也生了很多男孩子，最小的堂哥去讀警官，是家族最光彩的一位成員，書讀得最好，最優秀。

二伯母的小孩很黏媽媽，每到傍晚，老七小堂哥會叫媽媽阿孃，然後撒撒嬌。

小七堂哥的聲音很輕柔，輕聲細語，像個文人書生，講起話來，聽起來就像是個斯文的讀書人，媽媽很喜歡他。

媽媽常常拿小七堂哥要湯姆做榜樣，湯姆壓力實在很大。

因為坐在書桌前讀書，實在不是湯姆的本事，看到書本，湯姆的腦袋就一片空白，昏昏沈沈，所以小七堂哥能夠那麼會念書，也不知道怎麼辦到的？

小三堂哥及五堂哥、六堂哥也常來找媽媽撒嬌。

湯姆也很黏媽媽，覺得媽媽有一種穩定的力量，那是女性身上才會散發出來，應該說是溫柔又慈祥吧！反正湯姆對媽媽那麼老了才生他，也不覺得怎樣。

　　小七堂哥的學校在台北，台北離這裡有多遠，湯姆實在沒概念，只是趕牛去田野吃草的時候，會望著北方看，想像那裡的都市有高高的房子，大電燈、車子很多，一定比這裡熱鬧。

　　將來長大要去台北，不要窩在鄉下。

　　在這裡種田很辛苦，看爸媽在大太陽底下拿鋤頭，挖泥土，除雜草，大雨天還要一面犁田，一面插秧苗，一年四季種不同的作物，尤其是拔甘蔗葉子最辛苦。

　　鑽進甘蔗田當中，拔掉乾掉的甘蔗葉，甘蔗才能快速生長得肥美高大。

　　因為甘蔗田種植得很緊密，風吹不進來，人在甘蔗田中，像在封閉的空間裡，使人又悶又躁，很難受。

　　沒有風，即使有風的時候，也吹不進來。

　　甘蔗葉又有細細的小尖毛，弄得手掌像被千針萬針扎到一樣，好恐怖哦！

　　吃甘蔗的人或買糖果來吃的小孩，根本不知道他們吃到的甜味，是用這種甘蔗做出來的，像做甜粿、紅龜粿，煮紅豆湯、綠豆湯、豆花，許許多多甜食都需要用到甘蔗糖。

　　媽媽說，家裡能夠有這四甲多地，全是台糖放領承購的。

　　日本時代，祖父沒留下多少田產，光復後，媽媽嫁過來，爸爸在無恆產的基礎上，要養活一家大小是很困

迎神賽會

難的。

　　媽媽不曉得怎麼搞的，知道台糖在放領農地，一口氣放領這麼多土地，將近五甲地。用這些土地種台糖的甘蔗，全部收成繳給台糖，直到十年的期限到期，這些土地就變成湯姆他們的。那時候，除了種甘蔗繳給台糖之外，還要另外設法種一些其他的作物來維持生活。

　　有很多家庭連米都吃不到，三餐只吃地瓜。除了吃地瓜之外，還是地瓜，大姊、大哥他們有嘗過飢餓的滋味，生長在那個年代，稻子種不好，收成也不好，還要繳甘蔗稅、地瓜稅給政府，想多種其他作物常遭蟲害，只有地瓜最好種，不怕蟲害。

　　記得小時候，爸爸站在兩塊大木板塊上，在水田裡趕牛，把田裡的泥土碾平。

　　水牛在前拖，爸爸像坐在雲霄快板上一樣。

　　天上的藍天白雲映照在水田，和爸爸的身影相互輝映，那倒影就像爸爸在天空中站著，讓水牛拉，像在飛翔一樣。

　　泥土要碾得夠鬆軟的話，最後幾趟可以平穩地讓水牛拉著行駛，湯姆就跳上去站著學爸爸趕牛犁田。因為很小，兩腳怕站不穩，萬一掉到水田的話，可是會碾到腳的，而且大板塊下面又有鐵片，不小心連人捲進去，就變成肉餅了。

　　插秧苗之前要整地，把泥土平均整平，這樣來回，碾來碾去，看似好玩，站上去才知道很吃力，繞沒半圈，就跳下來，趕快跑去樹蔭下乘涼。

　　還是去番石榴樹下玩螞蟻洞穴，比較有趣。

　　看螞蟻一群群賣力地搬運東西，這種昆蟲讓湯姆百看不厭，牠們可以日日夜夜不停地操勞，從來不會偷懶嫌累，不像湯姆常常躲到陰涼處休息，螞蟻窩到哪裡都可以看到。

　　爸爸一大早起來挖竹筍，湯姆就跟在後面撿成一堆一堆的。

　　天未亮，就得載到客家村莊口賣給收購竹筍的商販。

　　一大早撿大竹筍，經常被紅螞蟻叮得呱呱叫。火紅螞蟻的嘴巴像尖尖的老虎鉗，被咬到的時候，就像被夾到一樣，痛得受不了，一定會紅腫紅腫的。

　　竹筍埋在土裡，剛冒出一點點頭，爸爸白天做農事時，會利用時間到竹筍園裡先巡一遍。

　　每一欉的竹筍用泥土堆得高高圓圓的，泥土鬆鬆的，比較好挖。

　　竹筍剛冒出頭，利用白天看到時，拿一支竹葉子插在旁邊做記號。

　　晚上二、三點，帶鐵罐燈籠來照明，看到小竹葉子就開始挖土，直看到碩大肥嫩的筍頭時，再用尖銳扁刀

迎神賽會

刺下去，拿出來時，果然是大肥筍，很甜哦！

把皮剝開來，可以生吃。回家煮熟，沾醬油或煮湯，清脆又可口。

小湯姆很喜歡吃竹筍，所以常常陪爸爸一大早，很辛苦的來挖竹筍呢！

鄉間野地

大神轎

「湯姆！湯姆！」

「哎呀！是利德嗎？現在我們這裡大拜拜，你們家人要不要來我家吃辦桌？」

「對呀！今天輪到來你們家吃。前幾天去大舅、二舅，還有一些我也不太清楚的親戚家裡吃熱鬧。爸媽說今天要來湯姆家吃一吃，吃完就要回家了。」

「今天傍晚我帶你去大廟看布袋戲，今天這一場演西遊記，很好看哦！」

「嗯！我問大邦要不要和我們一起去？」

「好呀！他姊姊有來嗎？」

「應該有！他媽媽最近又生一位女娃娃。我媽說阿嬸老蚌生珠，要跟姑婆比了，姑婆快要五十歲才生湯姆，阿嬸也五十歲不到。只是這位小堂妹，生下來差阿邦十五歲呢！」

「我們去看看！」

「阿嬸！我要抱抱！哇！好可愛喲！你看！你看！還會對我笑呢！」

「這個女娃長大一定像阿嫂一樣漂亮。」

「湯姆！很久沒有到我們那裡玩了哦！阿邦的爸爸和我帶兩隻小白兔，來送給湯姆。」

「謝謝阿嫂！小白兔在那裡？」

「放在這兒。」

「好小喔！真可愛！好好玩！這麼小的動物。」

「湯姆！小白兔很會吃哦！你要每天放一大把地瓜葉，或地瓜、玉米、雜草餵牠吃，不到半年，牠就長得像一隻小豬一樣。我們家已經快沒地方養牠們了。」

「兔子很會生哦！爸爸從朋友那裡捉兩隻回家養，才一年多，生好幾窩，用鐵籠子吊掛，在豬舍養著。

迎神賽會

阿嬤說這次你們這裡大拜拜，來這裡的親戚很多，多捉幾隻來送給每一家親戚。爸媽特地留兩隻讓你養的呢！」

「真的哦！好棒喔！以後放學回家，我又多了兩隻寵物了吧！

利德！中午吃飽飯，先去看神乩遊街。」

客廳和灶腳還有好多親戚在講話。

「今天家裡客人很多，我們一起去找阿明、小丁、阿東他們一起來。」

「那阿邦呢？」

「找他一起來啊！」

先到村裡的大水塔那邊看。

「街上人潮好多哦！」

「對啊！大街小巷的，連續好多天了。」

「每天陣頭繞村子，從早上繞到晚上，這些陣頭在村子裡，每一隊都經過苦苦的練習一個多月，才有這麼好看的陣勢呢！」

「喂！你看宋江陣來了。」

前面兩個拿著長矛、蛇棍，互相交叉。

拿斧頭、黑矮肥胖的人跳進去，舞弄斧頭。

後面一個接著一個拿長槍棍棒各種刀器，跳起功夫步伐，展現每位武功不同凡響的本事。

宋江陣是宋朝水滸傳流傳下來的民俗陣頭，成員眾多，一百零八條好漢，各展武功。

對以前有械鬥的時代，各莊頭會訓練壯丁練習武藝，用宋江陣聲勢浩大的陣式，來保鄉衛家園，還有也可以抵禦外侮。

廟會的長者說，每次舉辦的大拜拜做醮，迎王爺，各地神祇，無分正神、陰神、大神、小神、大廟、小廟，甚至宮廟也都會出來參加，乩童扶乩代理神明和人們溝通，或下達神意，告訴庶民百姓何年何月做醮，可以避免瘟疫或水災。

如果沒有按照神明指示的話，可能會發生大災難，所以各地村民都會集資在莊頭，選一塊神明指示的地點蓋大廟，做為村民的信仰中心。

大廟集資有點燈，各家男壯丁各出五十元或五百元，富裕的人家可以認捐龍柱、神桌、廟樑的雕龍雕鳳，或廟宇的各部位。

認捐越大，功德越多，神明的神力保護也越大。

村子裡有許多人具乩童的特性，被神明欽點做為代理人。

小時候常聽人家說，乩童可以看到陰曹地府的鬼神。

好的乩童會幫人家治病，不好的乩童會欺騙百姓的

迎神賽會

錢財。

大廟裡的廟公，一般都比較正派，有受過管理人的選舉派任。

不好的陰廟，會放符咒，讓家庭失和，夫妻吵架，或小孩生病，然後透過各種方式，讓他們來拜求陰神的庇佑。

陰神扶乩的時候，乩童多少都知道又有人來送錢財了。

乩童雖然可以斂財，但往往下場都不好，因為陰神看他們沒有利用價值的時候，就會收拾他們的生命。

「哎喲！好可怕哦！」

「我們都不要做壞事，神明、陰鬼就不敢碰我們了啊！」

「真的嗎？」

「嗯！」

「阿明的同學他哥哥是做師公，就是人家死掉幫亡者渡魂魄的那種師公。他常和死亡的人相處，做完法事，要淨身吃素好幾天呢！」

「我知道！我知道！就是那位阿裕，他多我三至五歲，國中畢業就去拜師學藝，他也常和我們聊天。他有說過，他穿在身上的師公袍，打開來看，陰曹地府的神兵神將或鬼魂，會跟他說話呢！」

一面走，一面聊。

「白天聽這些話，比較不怕。」

「我們晚上常在繁華國小的操場，或空曠的地方談這些神鬼故事呢！」

「湯姆！湯姆！你看！阿基的神轎來了。」

前面有一位站在大神轎上，搖頭抖著身子，手上拿著刺球，一直往背部拋甩，刺球的針扎到身體，流出一條條的血痕出來。從阿基的嘴巴刺過，在臉頰上，穿刺著一根鐵棒。手拿著七星劍，一直往自己的額頭上甩拋，兩眼翻白，不時地搖頭晃腦，全身上下顫抖著，搖晃神轎。下面抬神轎的八個人被轎上的兩位神乩，弄得腳步凌亂，顛顛顛顛，東倒西歪，一團人忙得團團轉。

有一位在轎頭轎尾跑著，看乩童的刺球往身背拋甩得太賣力，就大聲喊說：「好了啊！好了啊！」

「好了！好了！」

大聲叫到乩童停下來為止。

但是乩童有時候看到底下，或周圍看熱鬧的群眾很多的時候，他們會更賣力地甩斬額頭，或拋甩背部，看護扶乩的人就要更歇斯底里地大聲喊：「好了！好了！也塞！也塞！」

但看起來，看護扶乩的人喊歸喊，乩童好像甩斬額頭，斬得更過癮。

迎神賽會

　　有時候，意猶未盡，還會在神轎上，又拉又扯又跳的。

　　底下抬神轎的人，常常被這突如其來的動作，搞得昏頭轉向，身上的汗水一直流個不停，壓在肩上的酸痛，又來不及休息，兩腳顛顛倒倒，隨著大神轎搖搖晃晃。

　　抬神轎的大木棍很長，前面四人抬，後面也四人抬。那神轎上的兩位大乩童，加上神轎本身的重量，少說也有五、六百公斤重。難怪抬神轎的人，常常被壓得兩眼昏花，倉皇失措。每走一段路，替換的人就趕快扶著抬轎人到旁邊休息。

　　大神轎的氣勢往往是群眾注目的焦點。

　　神轎的乩童手上拿的武器，個個不同凡響，有沙魚刺、刺球、七星劍，這幾樣神器，光看就很嚇人了，更不用說拿它來拋斬身體的各部位了。

　　神力的展現透過乩童身體，用各種血腥的自殘方式來表達神威，這在湯姆他們這群小朋友看來，是感到不可思議的。也因為看到神明的威力，知道自古忠義、善惡是會有報應的，做好人行善事得好報，做壞人做壞事會下地獄。

　　傳說每年中元普渡的好兄弟，就是從地獄來的。

屏東的小湯姆三

青紅燈

　　「我跟你說哦！湯姆他們前幾天晚上來看布袋戲，在前往大廟的圳邊，有一大欉的大麻竹林，看到麻竹林末梢有紅燈在追著青燈呢！」

　　「真的嗎？」

　　「嗯！不相信，你問湯姆？」

　　「湯姆！湯姆！真的有這回事嗎？」

　　「嗯！村子裡看完熱鬧，走到大廟看布袋戲，阿坤、耀輝、瑞祥，還有我、阿坤的兩位妹妹和瑞祥的弟弟，先看到那紅燈在大麻竹上，一直繞大竹林，飛得很快，前面有一盞青色的燈光也飛得很快，大概有拳頭那麼大。

兩盞燈飛奔地在半空中，繞來繞去。有時候，青色燈會直接下降後，馬上上升，紅色的燈光就在後面追趕，偶爾可以聽到尖尖的飛叫聲呢！

我們一起看了半個多鐘頭左右，每個人大眼瞪小眼，互相看一看對方，也不知道怎麼搞的，只是很新鮮，並不會覺得害怕。

因為大廟的廣場上有很多人在那兒看熱鬧，只是我們不知道有沒有其他人看到。

隔幾天，我們和同伴在繁華國小的操場聊到這件事情，有些比較年長的玩伴跟我們說，那是鬼火的燐光。

他們曾經在夜晚跑去墳墓，看一對母子的墓地。

那是一位年輕的媽媽，不曉得什麼原因，孩子未出生就胎死腹中，母親的骨頭和嬰兒放在甕中，沒有埋進泥土裡，放在墳墓的邊緣，有幾棵檳榔樹下。

他們很大膽，晚上去偷看，有些人就看到那母子的甕會發光。大小朋友看到之後，嚇得快奔回繁華國小，彼此討論著，剛剛誰看得最清楚？」

「湯姆！你有看過嗎？」

「哪敢！我沒有晚上去看過，但白天我和同伴去，

迎神賽會

看到那對母子的甕，正奇怪著，怎麼有人的甕沒埋進土裡造墓園？什麼原因，我們也不太清楚！

曾經有大人提起這件事，說村子裡的墳墓，忽然間多出一甕來歷不明的死人。

大人們遇到這種事情，村子裡的大人好像也都小心翼翼地不敢大肆批評。畢竟大人們常說，死後為大，人死了，世間的恩怨情仇都化為烏有了，有個地方可以埋葬最重要。

阿邦！你們鹽埔高朗村的村子裡，會有這種事情發生嗎？」

「有啊！我們村莊口也有一座小廟，那裡常放一具從外面橫死的屍體，擺放在村子口的廟後，做喪事。傍晚，放學或下田回家時，都覺得好恐怖哦！不信你問利德！」

「嗯！村子裡的大人說，那是在外面被車子撞死，或是和人家打架被打死的。他們說不是壽終正寢，在家裡自然死亡，或是病死的人，不能直接把屍體抬回家做喪事。因為他們說這些橫死的冤魂，比較不甘心，家人沒超渡好，會帶來噩運呢！」

「對啊！我們村子裡那座廟後，也常做喪事呢！起先我不知道是什麼因素，要放在那兒做喪事，後來聽過大人講解，才知道。」

「湯姆！湯姆！鬼月的時候，晚上你敢出門捉青蛙嗎？」

「敢啊！我又沒有做壞事，幹嘛要怕！我們還不是提著鐵罐燈籠，點著蠟燭，就出去了。人家說大圳的水瀑布牆有淹死人的地方，會有水鬼，我們晚上邀好幾個人去看，也沒看到幾個水鬼啊！

有次提德和臭吉姆還提議晚上下去游泳。

那水聲在夜晚，我們彼此要是不說話，四周圍靜悄悄的，還真有點恐怖呢！那大水往下沖的聲音，轟隆隆地巨響，只有聽到水聲，大夥兒只看得見微弱的燈籠蠟燭光線。

要是其中有一位白癡，先喊一聲：『有鬼！』一夥人跑得比什麼都快，各自散開來，跑往田裡的產業道路，盡量往有月亮照明的空曠處跑。比較沒膽的，嚇得哇哇叫，臉色一陣青，一陣白。

這種情形常發生在臭吉姆，和一些不常和我們晚上出來捉青蛙，或去偷拔人家紅甘蔗的人身上。

我們就喜歡帶這些人到更偏僻或更恐怖的地方，然後再大聲叫：『有鬼！』看這些膽小鬼嚇得哇哇叫，真好玩！」

「那今天晚上我們有這麼多人，要不要也出來玩玩？」

迎神賽會

「問湯姆好了！」

「阿明！我們去你們家裡的那塊田，那裡我不常去，聽說那裡的老鼠、兔子很多。」

「好啊！」

「今天晚上吃飽飯，我們七、八個人一起去。」

「湯姆！我們都是親戚，你最小，但輩份最大，不能嚇我們喔！」

「不會啦！」

「我們今天要不要偷拔紅甘蔗？」

「人太多了，不能同時偷拔兩根以上，最多四個人一組，找一塊紅甘蔗園去練摔跤。我們不說偷拔，我們叫練摔跤比較好聽。記得喔！等一下看到紅甘蔗園，四個人先去，然後注意一下園前園後，兩個在外面把守，兩個潛進甘蔗園裡。

記得要到甘蔗田中間一點，整棵連頭拔起，不要太緊張。從田中間拔一、兩根甘蔗，田主人比較看不出來，有被偷拔過。不要露一小節的甘蔗頭在外面，隔天被園主看到的話，那不太好，以後園主會利用夜晚出來巡視，萬一有同伴或其他熟悉的人也來摔跤，被捉到的話，那可倒大楣了。

我們從不曾被捉到的原因，是因為同一園區，或同一個地方不會去摔跤第二次，而且每次最多只能拔兩根，從頭拔起，再把泥土補平，這樣就神不知鬼不覺。」

「湯姆！你們常出來摔跤嗎？」

「沒有啦！我們自己家都有種田，也知道很辛苦，怎麼可以常常出來摔跤。

偶爾啦！夏天天氣熱，月光亮，好玩出來田裡探探險，有看到紅甘蔗田，再拔兩根吃一吃，這樣而已。

白天大家都互相認識，哪一塊田是誰的，多少也知道一些，不好意思太過份。要吃甘蔗，那台糖或自己家裡種的白甘蔗就吃不完了，愛怎麼吃就怎麼吃，也沒人理你，搞不好老鼠吃得比我們多了呢！

人家種的紅甘蔗，比較稀疏，甘蔗比較少，可以收成時，也都賣給甘蔗商了。那些甘蔗商人家裡比較沒有土地，才靠賣紅甘蔗為生，我們也不好意思去偷太多次。」

「那我們今晚不要去摔跤！」

「好啊！我看人太多，也不好意思。」

「那乾脆今晚去阿明他們田裡捉老鼠好了，順便到那裡吃他們種的白甘蔗。」

「一面捉老鼠，一面吃甘蔗，吃過癮了，明天早上再來看看老鼠獸夾，有多少個陷阱捉到老鼠了，好不好？」

「好啊！」

溪埔地

「利德！阿邦！你們放幾個獸夾？」

「十個！」

「湯姆！你呢？」

「放五個！」

「我們一起去看小丁、阿明他們那裡。」

阿東跑到旱田那邊，有一大片、一大片的石頭土坡，這個地方大概有三、四十個國小那麼大。

「八月中秋，我們都會來這裡放鞭炮、賞月哦！阿明他們家的甘蔗田，還有鳳梨園、荔枝園，就在這片大溪埔旱地旁邊。

這裡的田不像水田泥土鬆軟，水田內比較沒有石頭，可以種水稻、蔬菜類。

阿明他們這裡的土地全是大小粒石頭，土地又硬，泥土少，參雜著沙石，種白甘蔗和鳳梨、荔枝、芒果最適合。」

「我們去看阿東設幾個獸夾？」

「阿東！阿東！哇！怎麼放這麼遠的距離？」

「你們看！他在那裡呢！」

「提著燈籠過去看看！噓！不要太大聲，這裡的野兔很聰明，蹲下來，小心哦！不要被我的大獸夾夾到。你們先回去甘蔗園拔幾根甘蔗到空曠的地方，在月光下吃。我等一下放好捉野兔的獸夾，就過去找你們。」

湯姆很好奇，留下來看！

「阿東！你們在這一大片的溪埔地捉兔子，我沒經驗。你放到哪裡，我跟著學，好嗎？」

「嗯！可以呀！湯姆！那你幫我提燈籠照看著，我找到兔子的路線，我們再挖開沙石土，埋放大獸夾。湯姆！你們家的水田和這裡不一樣？」

「對啊！我白天只帶牛和狗來這裡放牛吃草，晚上

迎神賽會

不曾來這裡捉過老鼠、兔子。兔子不會在水田做窩，你們那邊的甘蔗園，有的動物和我們這裡的，不太一樣。這種獸夾可以捕捉老鼠嗎？」

「可以啊！老鼠要被它夾到，保證跑不掉的。用它放在老鼠走路的地方，太大了。我們把老鼠走路的路線，破壞得太大，老鼠就會發現今天的路線有變化。老鼠很聰明，察覺到之後，就變更路線，走別條路去覓食或回到別處的老鼠窩，所以兔獸夾就用來捉兔子。湯姆！你在甘蔗園放幾隻？」

「五隻！阿東！你的野兔子獸夾我來扳扳看！哇！扳不開吔！好緊哦！我用腳踏都踏不開。」

「這樣子你看！一腳踏著鐵板，兩手扳開，把鐵鉤放在這裡，小心哦！不要被反轉夾到自己的手，到時候，兔子沒夾到，卻夾到自己的手，那可不好玩的呢！

我去找一找枯葉子放一點沙土鋪在上面，用草打個結做記號，明天早上再來巡，看能捉到幾隻？」

「走吧！我們一起去他們那裡啃甘蔗。」

「大旱田的夜晚和水田的空氣不太一樣。這裡晚上的風吹著草和植物吐露出的芬芳，帶有一點沙石及石頭發散出來的熱氣，感覺上沒有我們在水田那邊捉青蛙時，總覺得地面，夜晚有釋放水氣，有點涼涼的冷風。」

「湯姆！你不常來這種地方嗎？」

「嗯！這裡沒有青蛙、魚，可以捉。阿明他們捉的動物和我們那邊不一樣，這塊大溪埔地，野獸比較大，也比較多，牠們的習性，我不太清楚。我知道阿明、小丁、阿東他們會在這片土地上捉老鷹呢！對不對？」

捉老鷹要有技巧。老鷹白天在很高很高的天空飛翔，牠們可以在非常高的天空，看到地面上的野兔、蛇、老鼠，快速地俯衝下來，一眨眼的功夫，腳爪就把蛇、兔子、老鼠叼到樹梢上，去享受大餐了。

「我們用很多隻小雞圍在一個空曠處，等待老鷹俯衝下來捉小雞，就把埋在地面上的網，快速地用繩子拉著架起來，速度要比老鷹快，才能捉得到。」

「我們曾經看過老母雞從木瓜園帶一群小雞出來覓食。那隻母雞可能太興奮了，忘了空中有老鷹，帶小雞到溪埔地的正中央，被老鷹看到，從高空中俯衝下來捉小雞。」

那隻母雞也很勇敢，迅速地把小雞召回，躲在牠身體底下，有幾隻小雞在大石頭邊找小蟲吃，來不及躲到母雞身體下面，老鷹在半空中迅速地轉向撲向牠們，那隻老母雞咯咯咯咯地，拍拍翅膀跑起來，跳著用爪子和老鷹打鬥。

「我們觀察了一陣，看到這隻母雞很勇猛地和老鷹打鬥的畫面，真是刺激！」

「你們沒看過老鷹的架式，牠和老母雞打架時，那

迎神賽會

隻老母雞看起來很緊張。身體跳東跳西的，一下子跳起來飛撲，一下子咯咯咯地叫個不停，翅膀拼命地拍動，不曉得掉了多少根雞羽毛了。」

那隻老鷹好像王者一般，一點也不驚懼，沒有害怕的感覺，動作永遠俐落，穩穩地要去獲取牠心中的獵物。

老鷹的身體在空中優雅地飛巡，有捉到小雞就悠然地飛去牠的樹枝上，享受美味大餐；沒捉到，老鷹也不氣餒地又飛到高空去滑翔，等待下次覓食的機會。

「我們在樹蔭下，要等待很久很久，才有辦法看到老鷹出草的機會呢！」

「走吧！利德！我們走回家，太晚了，明天一早四點還要爬起來呢！」

「阿邦！你們和利德收拾完老鼠，再回去嗎？」

「嗯！先和你們來巡看看！我爸他們應該中午才會走，還來得及。」

「哦！今天睡湯姆他爸爸的大通鋪牀，明天見了哦！」

「晚安！」

「利德！利德！起床！起床！阿邦睡在裡面，去拉他一下。」

「哦！湯姆！你都那麼早起床嗎？」

「不是啦！今天我們要去巡老鼠獸夾啊！我才會這麼早起床啊！趕快！趕快！等一下太陽出來，走到溪埔地就天亮了。」

「喔！」

刷牙、漱口。

「去灶腳拿甜點帶著吃。」

「嗯！」

「去阿明、小丁的家裡等他們一起去。」

「阿東！你來了哦！」

「阿明、小丁已經先去了。」

「快啦！」

「哇！中了！中了！我的中了一隻大老鼠了。」

老鼠腳被夾得縮在草堆旁，可能昨晚被夾到，掙扎了一個晚上，痛得沒力氣跳了。

「我的也中了！中了！」

「老鼠！老鼠！」

「哇！一隻、兩隻、三，五隻吔！」

「每隻都吃得那麼肥。」

「阿東！你那裡有沒有中啊？」

「太遠了。」

「阿東還在巡吔！我們去阿明那兒看看！」

「哎喲！」

迎神賽會

甘蔗園鑽出一個人來。

「小丁啦！」

「小丁！你放到裡面去啦？」

「對啊！」

「有沒有中？」

「還沒吔！我再去看看鳳梨園旁邊有沒有中？」

一起去。

「騰！騰！騰」

聽到老鼠的聲音了。

「有了！這裡中一隻。」

拿起獸夾，老鼠倒掛在半空中，騰！騰！叫個不停。

「這隻體力不錯。」

夾在獸夾上，還能夠抽動身體，一直震動著。

放進袋子裡。

阿東過來了。

「阿東有中兔子，才一隻。」

「放了十五、六個獸夾，才中一隻。」

「阿明一隻也沒中呢！」

「還是老鼠比較容易捉。」

「對呀！他們的洞穴遍地都是，只要在他們的洞穴口放幾個，要中的機會很大。」

「今天大收穫，這下子老鼠肉又可以吃好幾天了。」

大拜拜剛要結束，辦桌吃的剩菜很豐富。

「姑婆各拎了一大袋給我們帶回去呢！」

老鼠總共捉了十五、六隻，加上一隻兔子，每人捉幾隻回去燉補。

「以後有機會也要來我們村裡捉野獸哦！我們那裡有很寬大、很寬大的河道，是從三地門流下來，接高屏溪的。那大河道空曠處也有野豬、穿山甲一類的大型動物，有機會阿明帶湯姆一起來狩獵。」

金色花園

念課本

大拜拜完，又要上課了。

湯姆什麼都不怕，就怕到學校上課。

如果可以每天和同學到野外遊玩的話，那不曉得多好。

坐在教室裡，聽老師在講台上比手劃腳，一點也聽不懂。

迎神賽會

奇怪！

湯姆想認真聽老師上課，但是還是聽不懂老師在教什麼？只好玩著桌上的鉛筆。

看著外面的天空，一朵雲飄過去，看到藍天又有灰黑雲來了。飄得好快，雲在天上變化多端，真好看！

風吹著樹葉，樹葉沙沙地作響。

老師說到：「無形中……」

湯姆答：「有！」

「湯姆！我沒叫你呀！」

全班同學笑出來。

老師看著湯姆，又看全班同學，搞不清楚同學發笑的原因。正在疑惑時，比莉同學雞婆地站起來。

「叫吳辛中就是無形中啦！那是湯姆的中文名字。」

全班又爆笑翻天，快瘋掉了。

老師嚇一跳，隨即看全班一眼，又看著湯姆，板著臉孔，說不准笑，拿起她的課本又念起來了。

湯姆回神整理桌面，打起精神聽老師上課。

坐在第一排，老師就在前面。

鄔老師的身材很高大，尤其她穿長裙的時候，那臀部大得像河馬的大屁股。她要是走到湯姆的桌邊，湯姆感覺那兩條腿，簡直像座大山一樣。

　　別班的同學都叫她鄔婆。

　　她女兒讀五年級，下課常來找她撒嬌，湯姆他們班坐在最後排的那幾位母老虎，身材和她女兒有得比，也是龐然大物。

　　她手中常拿著冰淇淋，含在她的大嘴巴裡，舔個不停。

　　「老師偏心，對自己的女兒和顏悅色，對我們就一副兇巴巴的模樣。」

　　每次念課本，念到一半，就用那對大眼睛斜斜地瞄一遍教室，然後拿起課本，又走來走去念著。

　　她不舒服的時候，就在講台上翹二郎腿，拿一支藤條拍打桌面，叫魯比起來問：「我剛剛念到課本的哪一段了？」

　　魯比倒楣的低著頭，縮著脖子，兩眼直看著地上，不知道怎麼回答。

　　鄔婆有時候會丟粉筆過來，然後一副惋惜的眼神，搖搖頭，再叫一位她喜歡的女同學起來念課本。

　　伊娃、艾莉絲很乖巧，又會念書，每次叫到她們的時候，就很得意的大聲朗誦。

　　「最好不要叫到我，我會念不出來的。」湯姆心想。

　　下課了。

　　「起立！敬禮！謝謝老師！下課！」

迎神賽會

趕快跑到操場。

那個討厭的黑龍又來了。

「不要拉！不要拉我！」

小姊姊從她們六年級的教室衝下來，拿著黃帽子拼命地打黑龍，黑龍五年級，塊頭比小姊姊高，被小姊姊拿黃帽子打得落荒而逃。

小姊姊問湯姆：「有沒有怎樣？」

「沒有！」

「要上課了，我要回教室。」

「謝謝小姊姊！」

「湯姆！你小姊姊很兇哦！」

又要上課了。

「起立！敬禮！老師好！」

「今天上第三課，前面的課業等一下我會找人發問，不懂的要打手心，國語課本打開第十頁。

大象的重量，有一位用水位度量衡稱牠的體重，是哪一位？就是你！起來念一段。」

羅傑念一下子，老師又走到湯姆身邊，湯姆感到壓力很大，真想牽著家裡那頭牛來壓她。

課本裡都是孔子、孟子、二十四孝，他們的故事又不精彩，為什麼一定要讀這些呢？

真討厭！

如果課本講一些大武山的森林，或大小鬼湖的神奇，高屏溪流從哪裡來，流到什麼鄉鎮，又會流到哪裡去，那不是很好嗎？幹嘛讀這些東西。

湯姆看到這些課本裡面的人物，就感到頭腦很沈重，讀不出什麼新鮮事兒來。

還是想像西螺七崁那位阿善師，教出的徒弟個個武功高強。聽收音機裡的廖添丁，飛簷走壁，如何和日本人打架，劫富濟貧，到處遊歷，路見不平，打壞人。

這些故事比較吸引湯姆。

想起三年級放學的時候，去看「人猿泰山」美國影集。

今天中午放學後，要去人家家裡看「史豔文」布袋戲，「西遊記」也很好看，等不及下課。

趕快下課，就可以離開這個教室了，坐在這裡很不舒服。

為什麼要天天關在這裡上課？

好多同學的成績單，也都是紅色的，考試常常零分，拿著考卷回家做風箏，放到天上飛。

「湯姆！湯姆！你又在發呆了。」

同學又在笑了。

「老師！您女兒來了，站在外面吃她的糖果。」

迎神賽會

全班同學往外看。

「沒有啊！」

老師走到門口往外探。

湯姆頭縮著，低低的，假裝很認真。

「真的有看到！」

老師回頭看著湯姆，說不出話來，轉身又上講台。

湯姆回頭看坐在後面同學的反應，大家暗暗地竊笑，看老師轉回身，又在教書的模樣，同學個個聚精會神，專心地聽課。

湯姆又看到外面有人走動。

小鳥一隻、兩隻飛過去，天空中有燕子在那兒自由自在地飛翔。

颱風天

下課了。

中午排隊，下課回家。

路上有人寫：「湯姆愛艾莉絲。」

牆壁上，到處都有寫著，連馬路上也有寫：「湯姆愛艾莉絲。」

奇怪！是誰寫的？

迎神賽會

　　管它的！擦也擦不完。

　　後面有人用腳尖踢著湯姆的腳底，差一點跌倒，回頭看，不知道是哪一位，再走一段路，又踢一腳。

　　湯姆猜應該是阿良在捉弄他。

　　跑快一點，後面一票人跟著跑。

　　脫掉上衣，拿在手上，甩圓圈，看有誰敢再來踢後腳底。

　　吉姆跑到前面，叫：「湯姆！湯姆！您怎麼那麼久沒來我們家附近玩了。」

　　湯姆來不及回答，已經轉彎進入他們家的後巷子，跳過去小水溝，抄捷徑回家。

　　「媽媽！我回來了。」

　　媽媽正忙著煮大夥中午的飯。

　　「來！湯姆！把菜尾端到桌上去，熱好了。」

　　「菜尾有沒有放一些紅白蘿蔔，還有高麗菜進去呢？」

　　「有啦！裡面很大鍋。」

　　湯姆最喜歡吃菜尾了。

　　「媽媽！今天下午可能會下大雨，您傍晚會拿雨傘來接我嗎？」

　　「看看！來得及回來，就去接你！帶一件雨衣去學校。」

「嗯！」

吃飽飯，去找湯尼一起上學。

「肯尼！魯比！你們要去學校了嗎？」

「嗯！我們一起走！」

「前面傻輝跑出來了，我們去捉弄他。」

脫褲子！

傻輝老是穿一件很寬鬆的短褲，個子高瘦，眼睛老是眨個不停，嘴巴會很誇張地歪來歪去，走起路來，頭會甩一甩。

湯姆他們經過時，脫他的褲子，看他兩手拎著褲頭的樣子，好好玩！

「傻輝的姊姊出來了。」

「趕快走！趕快走！走！」

「阿輝進來！別在那！等一下上學的小孩一堆，大的小的都想玩弄你。進來！」

每次上學，同學和高年級的學生看到傻輝，總想脫他的褲子，不曉得是什麼因素，總覺得玩弄一下傻輝，心情會很愉快。

上一天的課，放學可以放輕鬆。

傻輝的脾氣很好，他永遠笑嘻嘻地，即使湯姆他們年紀比他小，和他玩，他也不會生氣。

迎神賽會

　　傻輝笑起來，真的很好看，只是他臉部和身體的動作看起來會脫節一樣，軟綿綿的。又不像村子裡，那一百零八條好漢，個個殘缺得很嚴重，不是啞吧，就是瘋子，還有又矓又啞，雙腳又捲曲的，像彎刀一樣，走起路來，像螃蟹歪東歪西的。

　　學校的女生看到他們會嚇得大聲尖叫，跑得比什麼都快。

　　有時候放學回家，一路上，從村頭站到村尾，這些人好像講好的一樣，同時間展現他們個個不同的瘋啞習性。

　　小朋友一路上走過他們的身邊，好像要經過瘋神陣的考驗。

　　遇到瘋天生拿著石頭畫泥土路的圓圈。興致一來，手中拿著石頭，大聲地喊一聲：「嘩！」

　　湯姆他們經過時，很怕他一不小心拿石頭丟向他們，大家圍在一起，快跑過去。

　　過不久，又遇到大哈這位巨人，村人都說他有一百九十幾公分，嘴巴和臉型簡直就像蛤仔一樣。

　　他可以站在一個地方一整天，不做任何移動，就愣愣地站在那兒，晚上看到他的身影，好像遇到鬼一樣。

　　還有會追人的瘋子，看到小孩子，會追得特別快。湯姆他們也常常被追得呱呱叫，嚇得沿路哭回家。

這些人當中，就只有傻輝看起來最和善。湯姆他們觀察，好像全校的頑皮男生，都會脫傻輝的褲子，玩鬧一下。

湯姆上學的途中，也總愛找樂子來消遣。

「湯姆！湯姆！今天下大雨，老師還沒來。」

跑到外面看一看。

「隔壁班的老師也還沒來呢！鬧哄哄的。」

「我們教室也一樣，吵翻天了。」

同學彼此大聲嘻笑怒罵。

大彼得坐在後面，站起來說：「老師來了！」

同學靜下來，吉姆往窗外看。

「沒有啊！」

又吵鬧起來了，吱吱喳喳地。

平時很乖巧的女同學，也圍成一圈，講些悄悄話。

崔西班長不曉得怎麼辦？

羅絲本想叫大家安靜，看情況是制止不了了。

外面天氣很快地暗下來。

「快要下大雨了，可能有颱風哦！」

「會不會老師他們在討論，颱風天要不要上課？」

「有可能哦！」

戴夫、卡爾坐在椅子上，兩手托腮看著外面。

米奇、史密斯、傑夫、湯瑪斯在教室裡跑來跑去。

迎神賽會

伊娃、米琪、約瑟芬、安琪、珍娜樂得講話聲音越來越大聲。

湯姆很希望趕快下大雨，就可以提早下課回家了。

「各位同學注意！」

「噓！老師在廣播了。」

「噓！」

「安靜！」

「不要吵！」

「聽不清楚！」

嘩啦啦地。

啵！啵！啵！

真的下大雨了。

「老師來了！老師來了！」

老師拿著雨傘走進教室，看到學生一團亂，也沒說什麼，宣布下午提早放學，明天不用上課。

同學樂翻天，大聲小叫地。

亂哄哄地。

嘰嘰喳喳！

課桌椅此起彼落，移動的聲音很響亮。

一會兒，大家往外跑，要回家了。

老師撐著傘，交代一下。

「走路回家，要小心！不要在外面淋雨！會淹水的地方，要趕快回去，不要在外面逗留，知道嗎？」

「知道！謝謝老師！」

同學用跑的，一哄而散。

湯姆和威利、貝克、史帝夫、羅伯特找一個地方玩紙牌。

「先在講台玩一下橡皮圈。」

「學校沒人才好玩，玩起來才不會礙手礙腳的。」

「雨下得再大，也無所謂。」

「別人怕淹水，我們才不怕呢！」

史帝夫說：「淹大水，我爸爸最喜歡了。他會拿大網出來捕魚，隨便圍一圈。網子裡，大小魚兒吃幾個月都吃不完呢！放在大水井裡，慢慢吃，吃不完，拿吳郭魚、大本金魚來炸魚鬆。」

「湯姆！你怎麼了？」

「悶悶不樂的，不像你呀！」

「我才想到我們家的稻子還沒收割，大颱風帶來的豪雨，要是把稻子淹倒了，稻子冒芽，那真是慘呢！」

胖羅伯特和貝克、威利不知道湯姆也會關心他們家的農作物，不做聲，拿出紙牌來玩。

教室外面有聲音，雨開始下很大了，走廊溼溼答答的。

「會不會三八胖阿珍出來巡校園？」

「我們去看一看！」

迎神賽會

「是工友！」

六年級的走廊上，還有一些學生等著父母來接。

湯姆感覺怪怪的，想要提早回家。

穿雨衣走在大雨中，一路跑回家。

庫洛從灶腳跑來舔湯姆的手。

雨下這麼大，母雞孵蛋不曉得有沒有淋溼？

拉一塊板子蓋著。

看看青池仔、鴿子沒有淋到雨，兩隻小白兔掛在豬舍，拿下來，和青池仔、鴿子放在一起，看看這些寵物都沒問題，才放下心。

媽媽不在，先起火煮飯。

晚上熱一熱菜尾，肚子有點餓餓的，先吃一碗飯再說。

等一下灶腳旁邊會淹大水，水井裡的魚兒不曉得會不會淹到滿水位時，溜掉了？

淅瀝！嘩啦！下個不停。

越是下雨，越是想吃東西。

再放兩粒大地瓜進去灶火裡，等一下拿一粒去請夏綠蒂。

「夏綠蒂！妳在寫功課嗎？」

「對啊！雨停了，我爸媽等一下回家，我先煮飯。」

「我們家的飯，我煮好了吧！這裡有一粒紅地瓜給妳！很香甜哦！」

「謝謝！」

湯姆喜歡有事沒事來找夏綠蒂聊天。

夏綠蒂的功課一向都很好。

雨停了，拿畚箕到水溝裡撈魚兒。

前面道路淹滿了水，小朋友趁天未暗下來，和湯姆一樣拿畚箕和網，找一處適合的水流捉魚。

每次遇到下大雨，各家小朋友總會撈拾很多魚兒，放在自己的大缸裡，或水井中。

二伯母家的屋角流水量很大，湯姆放一個大網，固定在那裡，放一個晚上，隔天一大早起來，收穫很大。

印象中，每年這個時候，都會有颱風，颱風天溪水暴漲，看那滾滾洪水奔流，氣勢磅礴，大自然的力量真的很厲害。

洪水最嚴重的時候，把竹筍田整個流光光了，連根拔起。泥土裡的竹筍東倒西歪，田裡的作物被洪水沖得一支不剩。

爸媽看了真是欲哭無淚。

大雨過後，只好重拾精神，再用牛車把一車車的泥土載來填田。

迎神賽會

　　大人在田裡填土，他們小孩卻在泥土裡，找蚯蚓、泥鰍、土虱。

　　爸媽說田裡有大量的蚯蚓，對田裡的泥土有提供養分的作用，泥土才會肥沃。

　　湯姆小時候常想像這些蚯蚓和螞蟻，能不能幫他和野生動物建立一個家園，用牠們的身體把山丘或土地挖出一片湯姆想要的地方？因為蚯蚓會吃泥土，把泥土翻鬆。

搬石頭

　　湯姆夢境中，常出現的金色果樹花園裡，有一大片的旱田，長滿了各種花卉，大小石頭一堆堆的。

　　湯姆學著三伯父一天到晚在旱田裡搬石頭，去堆積低窪處。

　　爸媽說三伯父是把旱田變成良田。

　　大小石頭撿光了，田裡要種植各種作物，比較有泥

迎神賽會

土的聚合力。

　　小湯姆曾在金色花園裡開墾，每次翻開大小粒石頭，就會有幾條蚯蚓在石頭下面居住，還有螞蟻、雞母珠蟲（鐵甲武士、台灣大鍬形蟲幼蟲）、肚猴（螻蛄）。

　　雞母珠蟲長大後，會變得很大隻。

　　肚猴有一對特別的前腳，好像在耙土的耙斗一樣，強而有力，能很快地把土堆推開來。牠的身體圓滾滾、肥嫩嫩的，鑽洞最適合。牠是小湯姆在金色花園裡的開墾先鋒，也是小湯姆在金色花園裡的一個重要助手。

　　由於牠能挖出一條條的灌溉渠道，又可以掘動翻攪，讓土地鬆軟，這樣蚯蚓就可以在土裡，吃泥土消化。

　　螞蟻雄兵可以把細小粒的泥土，搬到其他地方去。

　　獨角獸、肚伯仔、蟋蟀，還有鑽地鼠，都是在這裡會挖土鑽洞的動物、昆蟲，牠們都很喜歡小湯姆。

　　由於有這一班大小昆蟲、動物們，日日夜夜，在這裡和小湯姆開墾這座金色花園，小湯姆深信終有一天，這裡除了原有的樹木參天、綠草如茵，花兒朵朵開之外，小湯姆也能夠在這裡自給自足地，把家裡的農作物，好好地在這裡栽種。

　　地瓜、玉米、苦瓜、菜瓜、四季豆、敏豆、白色花椰菜、青色花椰菜、南瓜、金瓜、大冬瓜、小黃瓜、胡瓜、花豆、扁豆、綠豆、紅豆、豌豆夾、花生、小辣椒、立豆、蘆筍、紅蘿蔔、大白蘿蔔、大小茄子、大小蕃茄、高麗菜、扁蒲、長蒲、花蒲、佛手瓜、佳莫（榻顆菜）、莧菜、油菜、龍鬚菜、竹筍、茼蒿、紫山藥、白山藥、黑甜仔（龍葵）、秋葵、向日葵。

湯姆尤其最喜歡吃茼蒿。冬天裡，吃火鍋或湯圓，放幾把茼蒿，真是滋味甜美無比。

這地方不曾有人類造訪，湯姆出現幾次之後，看到這個安祥平和的地方，動物、昆蟲、植物都不怕人，也不會互相殘殺，不像湯姆在家鄉的時候，看到青蛙的大嘴巴，還有牠那無法滿足的大肚子，永遠都吃不飽，只要看到會動的東西，在牠眼前晃動，青蛙的大嘴巴吃得下的話，統統往肚子裡吞。

小鳥飛在樹枝間，尋找各種食物。

伯勞鳥會吃肚伯仔、蚱蜢、各種昆蟲。

烏秋會頑皮地捉弄農村婦女。牠們在養育小鳥的時期，小孩或婦人經過牠們的巢窩附近，烏秋會展開攻擊行動，常有種田的農婦被烏秋啄得喊救命。

連這種小鳥都這麼兇悍，更不用說其他小蛇吃老鼠，老鷹吃蛇，人捉老鷹，一物剋一物。

湯姆也不想一天到晚捉青蛙、老鼠、魚、文蛤，牠們也都有生命啊！

但是在家鄉每個人都做同樣的事，吃魚、雞、鴨、鵝，連豬、牛、羊都得宰殺，煮來吃，好恐怖哦！

迎神賽會

　　每次捉老鼠回來，看爸爸用滾燙的開水，淹死老鼠，那種殘忍狀，內心就感到不安，但幼小的心靈，怎麼懂得去避免呢！

　　有了夢中的花園之後，他發現這裡不用靠殺戮，就可以和這裡的動植物和平相處，而且連他搬開石頭，石頭裡的蚯蚓也不會像家鄉的一樣，馬上一溜煙，害怕地鑽到泥土裡了。

　　這裡的蚯蚓會很慵懶地翻滾身體，慢慢地爬到湯姆手邊，幫他翻滾石頭。

　　由於蚯蚓的幫忙，螞蟻、肚伯仔、鍬形蟲、鑽地鼠，連愛吃螞蟻的穿山甲，也都出來幫忙翻滾石頭到水邊。

　　這種情境，每次湯姆在看爸媽種田的時候，就會想起。

　　然後想像家裡田地的蚯蚓，和木瓜樹、番石榴樹下的肚伯仔、螞蟻會像他夢境中的肚伯仔、螞蟻、蚯蚓一樣，幫他搬石頭、挖洞，砌造房舍。

　　如果這些蚯蚓都不怕湯姆，就不會鑽得那麼快，跑進泥土裡。

　　蚯蚓要是被爸爸犁地瓜田，翻滾出來的話，牠們會縮成一團，把身體捲成一圈，當湯姆把牠們撿起來的時候，都可以感覺到牠們在害怕，害怕他捉著牠鈎在尖銳的鐵鈎上，去引誘青蛙來吃。

　　貪吃的青蛙很可愛，整隻軟綿綿的，大大的眼睛，當牠跳進水裡游泳，就像神秘的俠客一般，來去無蹤，騎著黑馬快速地隱入森林裡，讓人一眨眼的功夫，看不到牠的蹤跡。

　　青蛙跳進水裡，一下子就隱匿不見了。噗通！跳下去，看不到蹤影了。

　　要是在陸地上，或淺水區，青蛙會乖乖地，很溫和地縮著牠的身體，慢慢地挪動，躲在那裡，等著人家來捉牠。

　　湯姆就是看到這種動物，這麼善良又沒有辦法保護牠，還要去捉牠，煮來吃，感覺還是夢境裡，才不用這麼殘忍。

　　但睡醒回到現實世界，又來到田裡看爸媽辛苦地翻轉泥土耕種作物，好不容易生長的蔬菜果實，裡面的蟲蟲一堆。

　　木瓜果實裡，金龜蟲鑽進去破壞，麻雀成群的在稻田上吃食，老鼠又來吃地瓜、玉米、甘蔗，甚至稻子也不放過。

　　「湯姆！湯姆！要回家了。趕快去把牛牽回來。」
　　「喔！」
　　牽著牛，套在牛軛上，駕牛車回家。

　　湯姆下田做不了什麼大事，就愛想像。

迎神賽會

　　每天幻想的思緒都不一樣，爸媽也不會勉強湯姆做粗活，只要看著孩子在身邊，就覺得很滿足了。

　　湯姆下田的時候，最喜歡躲在木瓜、番石榴果樹下，做他的白日夢。

　　但是這些夢，為什麼只有金色花園，還有會騰空飛翔的夢境，常常出現呢？

　　記得已經有好幾年了，這兩個夢境常重複地出現在睡夢中，所以連白天都想繼續地，往夢中尋找那裡的生活方式，或看到的各種現象。

　　如果能夠把現實的環境轉換到夢境裡的生活，那多好！就不用吃老鼠肉、捉青蛙了。

　　因為夢中的牠們是湯姆的好朋友，可以和湯姆一起玩遊戲，一起開墾土地，挖山洞，造房舍。

　　在那兒，大夥兒可以吃黃澄澄的、結實累累的木瓜、釋迦、荔枝、番石榴、芒果、鳳梨、地瓜、香瓜、蕃茄、蔬菜及各種水果大餐。

　　果樹植物也都很滿足地提供給湯姆養分。

　　一路上，湯姆坐在牛車上，搖搖晃晃地，又回到家裡。

　　跳下來。

　　庫洛又跑來撒嬌了。

先去看小白兔有沒有東西吃？

到後面看青池仔、鵪鶉仔、鴿子。

水井裡的魚兒還是很悠游地在水中游來游去。

青蛙仍然趴著雙掌，靠在水井邊，瞪大眼睛看世界。

媽媽叫：「湯姆！來吃飯了。」

「喔！好啦！我馬上來！」

「來！這是你去捉的老鼠燉肉，挾一塊給你。等一下這裡還有老鼠炒麻油薑片，給你兩塊。」

湯姆高興地吃起香嫩、甜美多汁的老鼠肉，已經忘記他剛剛的夢境了。

跑到客廳裡，拿一條長板凳，坐在大埕廣場，一面吃飯，一面吹著涼風。

今天晚上不曉得要不要去找阿東他們一起玩捉迷藏？

青澀年少

稻草堆

　　阿東、阿珍、建雄、皇宏、建隆、麗君、美華、小明的妹妹、阿嬌和妹妹、小明、湯姆、肯尼、湯尼、魯比十五人，在路燈下，玩遊戲。

　　阿東趴在電線桿數一到十，回頭看誰在動。

　　「一、二、三、四、五、六、七、八、九、十。」

　　叫：「麗君！」

迎神賽會

　　整排的小朋友笑嘻嘻的，一個接一個，每個人的手扶著前面那位的腰部。

　　趴在電線桿上的阿東再快速地數完，馬上回頭看哪一位身體或手腳在擺動或移動，擺動的人被叫到，就捉他到電線桿那裡趴著，面對電線桿數一到十，再回頭做同樣的動作。

　　會捉到幾個亂移動步伐，或動作慢的。

　　被捉到的換他趴在電線桿數數目，要數得大聲又快，讓後面的人來不及反應，快速轉頭捉人。

　　建隆身材高大，排在隊伍裡，像隻大笨鵝。

　　白醫師說他兒子建隆的一隻眼睛，在玩貢猜時，被貢猜的尖竹子飛過來直接插到，瞎了一眼，晚上不甘寂寞，還敢跑出來和湯姆他們玩。

　　建隆的眼睛有一顆是裝假眼，沒仔細看，看不出來。

　　在夜晚的燈光下，和大夥玩捉迷藏，或老鷹捉小雞遊戲，他們都不知道他的反應比較慢。

　　因為還有一種捉迷藏遊戲是數到十，大夥兒鳥獸散，個個跑到黑暗處，讓捉迷藏的人去找。

　　湯姆家裡附近的路口，在夜晚的燈光下，要是玩伴聚集的人數夠多的話，就開始玩遊戲，玩到大夥都累了，才回家鑽進被窩裡睡覺。

　　麗君和阿嬌、美雲小時候常和湯姆玩家家酒，她們三個人以前做過湯姆的老婆。

　　以前玩家家酒，說男孩有老婆，要玩親親。

　　那時，湯姆和麗君、阿嬌、美雲她們三個人在香蕉園玩抱著親親的遊戲。

　　湯姆問麗君：「妳的身體怎麼鹹鹹的？」

　　麗君瞪大眼睛看著湯姆，不知道怎麼回答？

　　阿嬌抱起來肉肉肥肥的。

　　和三個小女人在香蕉園抱來抱去，還深怕被大人看到，脹紅了臉，東瞧瞧西瞧瞧，還好沒人發現。

　　很久以前，湯姆都會擔心抱麗君、阿嬌、美雲的事，被人家知道。

　　今天麗君排在湯姆前面，湯姆的手又搭在麗君的腰部。

　　現在又長大了一些，手抓著麗君的屁股肉，內心還會怦怦地跳個不停。

　　麗君好像也有感覺，玩捉迷藏的時候，兩個人不約而同地跑到大草堆裡，躲在那兒，不由自主地疊在一起，隨即又抱在一起。身體碰著身體，兩個人像觸電一樣，滿臉通紅，彼此講話都有點結結巴巴的。

　　但彼此壓在一起，不知道什麼因素，很想感覺對方的存在。

迎神賽會

捉迷藏人的腳步越來越近，快要探查到湯姆他們了，兩個人緊張的關係，抱得更緊。

湯姆內心怦怦跳，卻很喜歡這種感覺。

麗君也翻身壓著湯姆，撒嬌的聲音被小明聽到，跑過來，叫一聲：「湯姆！」

湯姆好像忽然間從熱情的火爐裡清醒一樣，放開麗君，跑出去，換他數數目找人。

「一、二、三、四、五、六、七、八、九、十。」

湯姆找了半天，矮牆、楊桃樹屋後面，沒人。

「美雲！妳怎麼來了？妳妹妹呢？」

「在那裡！」

「喔！跟我一起找人！等一下和我們一起玩捉迷藏。」

芒果樹有人影，湯姆跑過去看是誰？

「建隆！我看到了。」

大個子出來了。

建隆說：「我要先回去，不玩了。」

湯姆愣一下。

隨後到三嬸的糕餅店後面找人，叫一聲：「小明！換你了。大家出來哦！我捉到小明了。」

建隆不玩了，先回家。

小明個子很小，他姊姊從家裡走出來，小明怕被姊姊叫回家，躲在人群裡。

他哥哥跑來要跟大家一起玩，小明才放心地走出來。

趴在電線桿，數一到十。

「美雲！我們和阿嬌、麗君找一個地方躲。」

「糟糕！這麼多人，要躲哪裡？」

「那邊很暗，小明一定不敢來找。」

走到慶田他們家的牛舍旁，四個人趴在稻草堆上，湯姆不敢再靠著麗君了。

扮花童

　　想到美雲小時候和湯姆一起當堂哥的花童，湯姆代表男方的花童，一大早跟著堂哥去娶新娘，坐在三輪車上，後面的鼓吹陣大隊人馬，大吹大擂地抬著一大箱的冬瓜糖。

　　白色一條條，很甜很甜。

　　湯姆手上拿著花，眼睛和腦袋卻一直想著，什麼時候可以吃到冬瓜糖？

到新娘的家，一大票的人，放鞭炮。

進入客廳，湯姆就收到紅包，媒婆塞一包的紅包，給每位扮花童的小孩。

美雲代表女方，也要跟著三輪車過來。

那時湯姆國小一年級，美雲還沒上學呢！

在堂嫂的家裡，扮花童時，美雲那雙大眼睛，還有她那圓潤的臉龐，胖嘟嘟的，笑起來很甜美。

湯姆和美雲在熱鬧的客廳裡，兩個人伸手去拿冬瓜糖，吃得不亦樂乎！

美雲上小學一年級的時候，湯姆三年級，那次扮家家酒，抱著美雲玩親親，湯姆就把美雲當作妹妹一樣看待，和美雲在一起，很自在，隨時可以牽著手到溪邊，或她們家的竹筍田去翻找青蛙。

湯姆家裡的田和美雲爸爸的竹筍田連在一起。

每次她爸爸在竹筍田拔老欉的舊竹子，和她媽媽拿著鐵鎬掘竹子頭部不要的根時，累得滿身大汗，在田裡看到湯姆跑來找他女兒們玩，都會笑得很燦爛，歡迎湯姆。

有時候，也會蹲下來叫湯姆過來，讓他抱抱，然後說：「湯姆很可愛！阿叔要捉來當女婿。」

湯姆看看阿叔竹筍園裡一堆的女兒，美雲排行第四，下面還有三位妹妹，阿叔為了生一個男孩，連生七

迎神賽會

位女兒，仍盼不到一位小男孩。

他們在竹筍田玩跳房子，她妹妹就躺在一對支架，用各三根竹子綁在一起做成，架起來的中間，放一根長竹竿，用長布綁好做成吊床，讓最小的躺在那裡。

老六會在地上爬，常常隨手抓著泥土就往嘴裡送，湯姆和美雲、三姊要一面玩跳房子，一面注意老五會不會摔倒，老六有沒有亂吃泥土，老七睡得好不好。

她們的爸媽又忙著整理竹筍園了。

美雲的大姊、二姊年紀比較大，國小五、六年級必須幫爸媽把竹子砍下來時，搬到前面去堆放。

大姊、二姊看湯姆和美雲、三姊玩得很高興，常放下工作，不幹活，跑來和他們一起玩。

她們的爸爸過一陣子就會說：「美月！美惠！妳們還沒有長大嗎？工作不做，只想到玩遊戲。」

兩位姊姊縮著頭，又跑回去搬竹子了。

下田的時候，常和美雲玩在一起，回到家裡，和她玩任何遊戲，都很自然。雖然現在四年級了，看到美雲仍像親妹妹一樣。

湯姆不曉得為什麼只要和麗君在一起玩，碰到她的身體，內心都會怪怪的，怦怦跳的感覺，很不自然，以後看到麗君就閃到一邊，去找男孩子玩，比較舒服。

麗君可能也有相同的感覺，和湯姆玩在一起的時候，有一點害羞，又有點不知道該怎麼辦？

只要兩個人不像剛剛那樣單獨在一起，這種情形就不會發生，但過一陣子，玩捉迷藏遊戲時，又在晚上，和她同一組玩在一起，兩個人又疊在一起，這種感覺又來了。

湯姆很懊惱，想不透這是怎麼一回事，相同的情形也會發生在艾莉絲身上，但湯姆根本不用靠近艾莉絲，只要艾莉絲那雙大眼睛靜靜地瞪著湯姆，湯姆就渾身不自在了。

湯姆幼小的心靈，常常被這種男孩、女孩相處的關係，搞得一塌糊塗，不曉得要去問誰？

以後還是找夏綠蒂或是美雲、阿嬌、同班的美琦、安琪、夏綠蒂的妹妹一起玩好了。

美雲叫湯姆坐在她身邊，說這裡太暗了，她會害怕。

牛的大便被她踩到了。

阿嬌和麗君笑出來，小明遠遠地聽到，跑過來。

找到湯姆，他卻叫不出名字，想了一下才大叫一聲：「湯姆！」

湯姆和麗君、阿嬌、美雲笑出來。

走到馬路上，湯姆捉著美雲的腳，到水溝裡洗滌。

「美雲！明天菜堂有放映『目蓮救母』的電影，要不要一起去看？」

「要啊！我媽要帶我們全家去看呢！」

迎神賽會

　　「真的哦！那明天吃晚飯後，我去妳家，跟阿嬸一起去。妳幫妳媽媽背妳妹妹，對不對？」

　　後面肯尼、魯比、湯尼，和今晚這一大票玩捉迷藏的同伴，不約而同地說，明天要一起去菜堂看「目蓮救母」。

　　今天太晚了，要回家，各人走回去。

　　路暗暗的，女生結伴走了。

　　湯姆很熱心邀魯比一起送美雲，還有阿嬌、麗君回家。

　　湯尼家比較遠，先回去了。

　　早上升旗典禮，校長又在訓話了。

　　湯姆站得不耐煩，兩腳動來動去，看看別班的學生每一個人都乖乖地，站得很整齊，在聽校長講話。

　　湯姆回頭看班上的同學，左右邊瞧瞧。

　　奇怪！怎麼每一個人都那麼乖。

　　湯姆只好乖乖地站著。

紅面鴨

煙囪一直冒出火星，紅透透的，夾雜在大煙霧中。

秋冬的寒風一陣一陣吹著。

村子裡，一厝一厝，草厝的煙囪正熱鬧的冒著煙。

湯姆拿著長棍子在灶腳撥弄炭火，準備放大蕃薯在裡面烤，燜熟。

「湯姆！你要丟幾粒啊？放太多個埋不著，是烤不

迎神賽會

熟的。」

「喔！」

棍子仍然在火坑裡攪動著，媽媽從外面走進來，腰間帶著畚箕，裝滿豬菜葉（地瓜葉），丟到後面大鐵鍋裡。

「湯姆！多放幾把柴，要燒開水煮豬菜葉，等一下爸爸回來，才有熱水洗手腳。」

「喔！媽媽！我丟三、五個大地瓜進去烤，正擔心炭火不夠，正好你要煮大鍋的豬菜葉，那我順便再塞幾粒地瓜進去一起煮。我去找那菝仔的大塊柴來燒好嗎？」

「牛舍旁，那邊有竹頭先拿來燒。」

跑出來大埕，看天色已經黑了。

「這麼快就天黑了。大姊！等一下你要吃地瓜嗎？」

問二姊、三姊看看！

小姊姊正忙著趕雞鴨鵝到畜舍裡。

二姊蹲在豬舍旁幫媽媽洗衣服，一大堆的衣服用大木頭捶打著，一邊打，一邊擰扭，在扁平的石頭上搓洗，捶打。

哥哥在堆肥，從牛舍的糞堆裡跑出來透氣，抬頭看到灶腳的煙囪冒出火星，緊張地大叫。

「湯姆！湯姆！不要再攪火炭了。煙囪出火星了，等一下不小心把我們家的草厝燒著了，那可不好玩呢！」

湯姆沒聽到，搞不清楚哥哥說的話，仍然蹲在灶腳前看著熊熊的烈火在坑洞裡燃燒。

湯姆只想到火把越大，他的大地瓜就越快熟，仍然奮力地在灶火裡攪來攪去，每攪一次，地瓜就越往裡面擠，擠到後面從第二灶坑排炭洞裡掉出來，撿起來看看，仍然未熟透，再丟進去重烤一次。低著頭斜歪一邊，伸長脖子，一邊用嘴巴吹風進灶坑裡，嘴巴吹得越勤，火勢越大，熱到不行了，只好跑到後面拿棍子攪動火炭，撥幾塊燒透紅澄澄的柴墊底，再勾幾塊大竹頭蓋在地瓜上。

這次要把後面的排炭孔蓋起來，不讓炭火跑出來。

蹲在灶前看著灶火，越燒越旺，搬幾根大塊那菝仔柴塞進去，走到外面透透氣。

天空中，一隻大紅面鴨飛過來。

「武喜啊！拿棍子來趕。」

「飛到這裡了。」

「嘍乎伊走去！顧乎好！抵加抵加！」

「捉到了！捉到了。」

「這隻瘋鴨公，毛沒修剪，長長了，四處飛，還好有捉到，要是飛到厝屋頂，那就不曉得怎麼捉牠了。」

迎神賽會

「秀緞！不好意思啦！追鴨公，追到你們家來。」

「哦呼！那邊的厝尾頂，又有一隻鴨飛在天空中，不曉得是誰家的？」

「阿母啊！我們家的鴨群不曉得怎麼搞的？一隻隻往天頂飛出去了。」

「阿喜！叫你關好，不關好。你看！現在滿天空滿村頭，飛得到處都是，看你怎麼捉？」

「氣死我了，還不想個辦法，還站在這裡發楞。」

「阿喜嬸！你可以到村長義啊！他們家廣播，請村子裡的人幫忙捉啊！」

「哎喲！我怎麼沒想到。小湯姆！你怎麼這麼聰明呀！」

「這裡是村長的公告，請我們番仔寮村的村民注意收聽。我們村子裡，張武喜他們家的鴨公鴨母，翅膀長硬了，沒修剪，就在近晚時分，紛紛往村子裡各處飛散，若有人家裡捉到，請捉來村長這裡，阿喜他們夫婦一定當面感謝——以上。」

「阿喜！我已經廣播三、四次了，有聽到的人應該會把你們家的鴨公鴨母捉來，你還是先回去數一數到底飛走了幾隻？等天光再來看看！」

火燒厝

「那是誰家的鴨？飛到菸樓頂，這下看怎麼捉？」

「厝頂都捉不到了，哪有辦法爬到菸樓頂去捉那隻鴨。」

「火燒厝喔！」

「火燒厝！」

「誰家在火燒厝？」

迎神賽會

「趕快！趕快提著水桶去救火，那是武雄他們家著火，在火燒啦！」

「這兩個兄弟，今天晚上是中邪了，不是？一個飛丟鴨公鴨母，弟弟家卻在火燒厝。」

「卡緊吡喔！」

「拿水桶救火喔！」

一時間左鄰右舍個個放下手邊的工作，正在吃飯的人也顧不得手上拿著碗，跑出來看到大火，隨身拿到桶子，跑到水井邊，舀著水，提桶子，一個接著一個奔跑，飛快的，往武雄他們家去救火。

草厝間燃燒的火勢，似風搧火一般，燒得噼啪作響，一瞬間，把武雄他們家的三合院燒毀了兩間半屋子，一半還在燃燒，就被熄滅了。

隔壁幾戶人家要不是靠這一大群的鄰居幫忙，將水潑往草厝頂，也許會受到波及。

水井的水沒了。

「武風他們家那一口寬大的水井，去提提看！」

「還有沒有水？」

「沒有了。」

「沒有了。」

「這附近有水井的，全被提光了。」

為了救武雄他們家，四、五十人一人提幾桶水去救火，一下子水井就提光了，火熄滅了，大夥站在原地議論紛紛。

「怎麼會火燒厝？」

「武雄啊！你們家燒光了，可以重新蓋一間大瓦厝，就不怕煙囪的火星了。」

武雄傻傻地笑一笑，對來救火的鄰居心存感謝。至於安慰的風涼話，就當做一種鼓勵了。

廚房房間燒到客廳剩下一半殘破的情況，看來今晚是沒地方睡覺了。

武當、武山、武吉、武風、武慶他們兄弟五人一起來探望二哥武雄。

「今晚阿嫂還有這些小孩就來這裡住，咱們兄弟都各自分擔一點，總能幫你重新蓋厝的，不用擔心。」

武喜追鴨公鴨母，追得一頭霧水，遠遠地看那麼多人在他家附近救火，以為是他家著火了，連滾帶跑地，飛奔回來，才知道是二弟武雄家燒著了，手上還提著大紅面鴨公。

阿喜嬸及她兒子手上也各捉一隻，阿喜索性提議，厝都燒去了，乾脆今晚殺這幾隻鴨來補一補，燒薑母鴨來吃。

兄弟圍著二哥安慰，武雄默然地接受，點點頭，正要燒開水時，才發現水井裡沒半滴水了。

迎神賽會

「小湯姆！你們家的大糞桶（水肥車）要用嗎？我爸要我來向你們借大糞桶，等一下要到大圳去裝水。」

「喔！我哥哥正套在牛車上，正裝載好要到大圳去清洗，叫我來換短褲，等一下要跳進大糞桶裡清洗呢！你看！阿良他們家，燦勝的爸爸、嘉慶、永明、水仙他們家的牛車，一列排開，正向大圳駛去，我們也要出發了。跟你爸爸說，我們會幫你們載幾趟水的，叫他放心。」

大圳邊，忽然間熱鬧起來，手電筒、大鐵罐燈籠把大圳底和兩邊的道路照得一閃一閃地，忽暗忽明。

大人努力地將水桶往圳底丟下去，舀水上來。有些站在圳底，直接拿桶子裝水，讓上面的人拉上去，好不熱鬧。

湯姆全身溼透了，由於跑上跑下，努力提水，寒夜的冷風吹在身上，感到涼涼的，很舒服。

等裝滿了水，坐在牛車上，夜風一陣一陣地吹來，渾身發抖，牙齒上下嘎嘎咬個不停。

回到家裡第一個想到灶坑裡的熱蕃薯，換了衣服，蹲在灶坑旁，往炭火堆裡攪一攪，幾粒大蕃薯滾出來，熟透了，紅色、黃色、白色、紫色，一口一口吃個不停。

「湯姆！湯姆！你幫媽媽去買米線回來煮，好不好？」

「喔！」

手上拿著熱地瓜，一面跑，一面跳著，跑到大胖林商店。

「老板買味素？米線？（台語）」

哇！糟糕！到底是要買味素，還是米線？一時想不清楚，站在大胖林的店裡，不知如何是好？

大胖林問湯姆要買什麼？

「忘記了！媽媽叫我來買米線，還是味素，我一路念著念著，念到這裡就不知道是哪一樣了呢！」

大胖林夫婦笑出來，拿幾捆米線，還有一包味素，叫湯姆先帶回去，改天再來算帳。

「不行啦！我帶十塊錢來，先給您們。」

走到轉角處，忽然停電，路燈熄滅了，伸手看不到五指，湯姆驚嚇得站在那兒嚎啕大哭。

大胖林他們夫婦聽見，提著燈籠走過來，帶著湯姆回家。

哭！哭！哭聲引起媽媽跑出來，看個究竟。

「啊！湯姆！你怎麼在哭？」

「失電啦！不敢回來，我才把湯姆送回來。」

「感謝哦！啊！手上怎麼這麼多東西？我不是叫你買米線嗎？」

「湯姆忘記了，是要買米線，還是味素？我叫他兩樣通通帶回來。」

迎神賽會

「這兩樣多少錢？」

「米線三把七塊，味素一塊半，總共八塊半啦！」

「錢夠不夠？」

「夠了！夠了！湯姆帶十塊錢，還有找呢！」

「謝謝啦！今夜還真是多事之秋呢！又停電又看到火燒厝，阿喜的鴨公鴨母滿天飛。黑天暗地，搞到三更半夜，一頓飯還沒煮好呢！」

「那您們忙，我也要回去顧店了。」

「水井的水滿了沒？」

「還要再載一趟就好了。」

「先來吃碗米線，吃碗熱熱的，才有體力，還好今晚湯姆多放幾粒大地瓜，在豬菜葉裡一起煮，大家才有熱地瓜先填飽肚子。」

「有破銅爛鐵可以賣嗎？有破銅爛鐵拿出來賣哦！」

「湯姆！湯姆！豬舍旁有些破鐵罐，還有一堆鴨毛拿去賣！」

「買破鐵的！我這裡有東西要賣給您哦！」

哇！跑出來太慢了，收破銅爛鐵的跑不見了。

「麥芽糖！麥芽糖！」

賣麥芽糖的腳踏車後面，兩個木箱子裡，裝滿了麥芽糖，用手捏一捏，拿一根棒子糊在上面，捲成一團。

「一支夠嗎？」

「這些可以換多少麥芽糖？」

「棒子糊的六支，餅乾夾的三個。」

「那我要兩支糊的，兩塊餅乾夾的。其他的寄著，改天再吃。」

拿在手上，吃得嘴巴上黏黏的，全是麥芽糖。

帶兩個回家，拿給媽媽吃。

「媽媽！媽媽！這兩個給您！」

「不用啦！一大早吃甜的。拿去給你哥哥或是小姊姊，看看他們要不要吃？」

「姊姊！姊姊！這是我拿破銅爛鐵，還有鴨毛換來的麥芽糖，一塊給妳，另外一塊拿給哥哥吃了。」

「灶腳那邊還有一些空罐頭及塑膠袋，改天可以一起拿去賣。」

「喔！好！」

「湯姆！今天真是豐收，一大早就有麥芽糖。」

「湯姆！湯姆！」

「外面誰在叫？」

「榮國啦！」

「榮國！等一下，我馬上就好了。」

背著書包。

「小黃帽要戴好。」

迎神賽會

「走！我們一起去上課。」

「春華！春華！一起過來，我們等妳一起上學去。」

「哥哥！哥哥等我！我要和你們一起走。」

「昨天晚上，一把火燒光了我和妹妹的書包，今天要怎麼去上學呢？」

「沒關係啦！去向學校老師說明我們火燒屋，書本課本全燒光了，暫時先向隔壁的同學借看一下。來！衣服穿好，妹妹一起帶著。」

「好啦！」

「春華！妳怎麼沒背書包？」

「我們家昨天火燒，燒光了。」

「哦！」

「走吧！」

博毓學園出版

五穀豐登莊稼居，

穀倉滿溢木高長，禾苗映田人幸福。

護生復蔬博毓園，

森林綠地自腐朽，生態堆肥循環生。

博毓學園網址：http://tomu18.webnode.tw

吳明博共生農業：http://coco00.webnode.tw

E-mail：869548@gmail.com

迎神賽會

吳睿保（吳明博・穀禾田・穀莊稼・穀恬憫）

穀莊稼共生農業森林農園：20140129.blogspot.com

穀禾田屏東的小湯姆：20140214.blogspot.com

穀恬憫歡喜法音流：20140402.blogspot.com

少年兒童讀本－屏東的小湯姆系列七本

①過冬青蛙②水瀑布牆③迎神賽會④米仔麩糕⑤叛逆初期⑥姨丈來訪⑦檳榔說客（電子書、紙本書皆有）

醒世幽默小說－法拍屋風暴系列

①法拍屋風暴②投資客的賺錢術（電子書、紙本書皆有）（尚未出版）③④法拍屋 100 案例上下⑤法拍屋，從二十萬賺進二千萬⑥法拍屋投資客也會套牢

三個十年救地球－共生農業系列

①共生農業森林耕種免費圖文書 1～6 冊（出版電子書）②共生農業開講 1～4 冊（出版電子書、紙本書）③居家生態小農園（出版紙本書）

人生哲學－歡喜法音流系列

①生命的體悟（出版電子書）②生死關頭（部落格連載）

以上書系將陸續完成，另有新書系創作中，敬請期待！將不定期舉辦法拍屋、共生農業講座；並固定每月第 1 週週一開放居家生態小農園參觀，請事先預約，歡迎支持共生農業，謝謝！

羅慧茹（和毓・喜鵲）

花茹集：245784.blogspot.com

親子創意書房－國語文教學設計系列

①作文教學②兒童劇教學③讀經教學④書法教學⑤演說教學⑥採編教學

小說創作－

①空白

生命故事書－花茹集系列

①夢裡浮沈②生病也可以幸福③夢中呼喚④幸福之路

以上書系的電子書於谷歌、飽讀電子書店，紙本書於亞馬遜網路書店販售，並持續創作中！

迎神賽會

屏東的小湯姆三

作　　者／穀禾田
編　　輯／羅慧茹
出　版　者／博毓學園吳睿保
高雄市大樹區興田里興田路 50 號
網址：http://tomu18.webnode.tw
電子信箱：869548@gmail.com
訂購專線：0963-937-541
劃撥帳號：42321225／戶名：吳睿保
2015 年 5 月　初版
ISBN：978-986-91790-4-1